Mitmachbuch für unterwegs

arsEdition

Dieses
Naturforscherbuch
gehört

....

Inhalt

 Kleine Tierkunde

Ob im Wald, auf dem Feld oder im eigenen Garten, Tiere kannst du überall beobachten. Manche sind schwer zu entdecken, andere wiederum begegnen dir häufig. Es gibt viele unterschiedliche Tierarten. Manche sind groß, manche winzig klein. Biologen fassen Tiere, die ähnlich aussehen, zu bestimmten Gruppen zusammen. Grob werden sie in Wirbeltiere und Wirbellose unterschieden.

Die Wirbeltiere teilen sich auf in:

SÄUGETIERE: Sind gleichwarm, das heißt, ihre Körpertemperatur ist unabhängig von der Außentemperatur.

Meist haben sie ein Fell aus Haaren. Ihre Jungen kommen lebend zur Welt und werden gesäugt.

VÖGEL: Sind gleichwarm, haben Federn und einen Schnabel. Sie legen Eier, aus denen ihr Nachwuchs schlüpft.

REPTILIEN: Sind wechselwarm, das heißt, ihre Körpertemperatur wechselt mit der Außentemperatur. Sie haben eine trockene, schuppige Haut und die meisten von ihnen legen Eier.

AMPHIBIEN: Sind wechselwarm und legen meist Eier im Wasser ab. Als Jungtiere leben sie im Wasser und atmen mit Kiemen. Wenn sie älter werden, bewegen sich Amphibien an Land und leben dann an Land und im Wasser. Dann atmen sie wie Menschen durch Lungen.

FISCHE: Sind wechselwarm und leben nur im Wasser. Die meisten Fische vermehren sich durch Eier. Sie atmen mit Kiemen und haben meist eine schuppige Haut.

Die Wirbellosen teilen sich auf in:

WEICHTIERE: Sind wechselwarm und haben kein inneres Skelett, also keine Knochen. Manche besitzen allerdings eine harte Schale. Viele leben im Wasser, einige aber auch an Land.

KREBSE: Sind wechselwarm und haben einen Panzer. Sie können sehr unterschiedlich sein. Es gibt aber drei Gemeinsamkeiten. Sie atmen durch Kiemen und haben zwei Paare von Antennen am Kopf. Zudem legen sie Eier, aus denen sich Larven entwickeln, aus diesen später die ausgewachsenen Tiere.

INSEKTEN: Sind wechselwarm und haben sechs Beine und zwei Fühler. Die meisten Insekten können fliegen. Sie legen Eier, und ihr Körper setzt sich aus Kopf, Brust und Hinterleib zusammen und wird von einer dünnen Schicht Chitin geschützt.

Aktion:

Versuche die Tiere, die du entdeckst, den einzelnen Tiergruppen zuzuordnen.

Tipp:

Packe für deine Expeditionen durch die Natur eine Lupendose und ein Fernglas ein. So kannst du die Tiere besser aus der Nähe erforschen.

Waldspaziergang

Bei einem Waldspaziergang gibt es viel zu entdecken. Also halte die Augen und Ohren offen. Wer aufmerksam durch den Wald geht, sieht Dinge, die anderen verborgen bleiben.

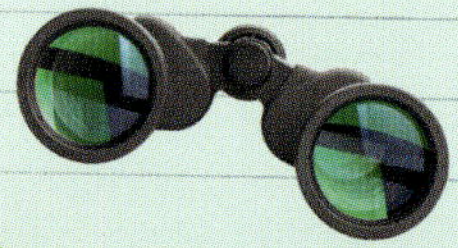

Checkliste Ausrüstung:

- dem Wetter entsprechende Kleidung
- je nach Länge der Wanderung Verpflegung und Wasser
- Becherlupe
- Fernglas
- Stoffbeutel für Funde
- Kompass
- dieses Buch und einen Stift

Achtung, Zecken!

Suche von Frühjahr bis Herbst nach jeder Erkundungstour durch den Wald deinen Körper nach Zecken ab. Sie können gefährliche Krankheiten übertragen. Je früher man diese Blutsauger entdeckt, desto besser. Informiere bei einem Fund sofort deine Eltern.

So verhalte ich mich im Wald:

Ich mache keinen unnötigen Lärm.

Ich störe keine Tiere.

Ich schone Bäume und andere Pflanzen.

Ich fasse keine Jungtiere an.

Ich klettere nicht auf Hochsitze und Baumstammstapel.

Ich mache kein Feuer.

Ich nehme meinen Müll wieder mit.

Ich halte mich an die Hinweisschilder.

Wo bin ich?

Bei uns gibt es verschiedene Waldarten. Finde heraus, in welchem Wald du dich befindest, und trage hier ein, wann du ihn erforscht hast und welche Besonderheiten dir aufgefallen sind.

Waldart	Wann	Besonderheiten
 Laubwald		
 Nadelwald		
 Mischwald mit Laub- und Nadelbäumen		
 Auwald entlang von fließenden Gewässern		

Wer hat hier was ausgefressen?

Auch wenn die Tiere des Waldes scheu sind, hinterlassen sie doch ihre Spuren. Unter anderem auf Blättern, Zapfen und Nüssen.

So kannst du sie erkennen und zuordnen.
Kreuze jeweils an, was du entdeckt hast.

Spuren auf Nüssen:

Maus	Eichhörnchen	Specht	Meise	Haselnussbohrer

ein ovales bis längliches Loch, darum Nagespuren	Schale wurde in zwei Hälften gespalten, keine Nagespuren	häufig in Rindenspalten, wilde Hackspuren	große Löcher mit Hackspuren	Der Käfer schlüpft aus einem kleinen, runden Loch.

Spuren auf Zapfen:

Maus	Eichhörnchen	Vogel

Sie knabbert den Zapfen sauber ab.	Der Zapfen sieht ausgefranst aus.	Vögel picken nur einzelne Samen heraus.

Spuren auf Blättern:

Blattkäfer	Raupen	Schnecken
	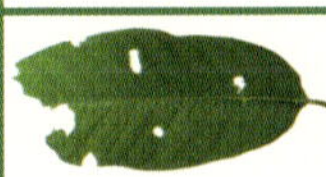	
kleine Löcher mit unverletzten Blattadern	Löcher am Blattrand, manchmal auch mit Gespinst	große Löcher auf dem Blatt und am Rand, meist mit Schleimspuren

Wunderwerke der Natur – Spinnennetze

Spinnenseide ist ein wahrer Wunderstoff, denn sie ist reißfester als ein Stahlseil, dehnbar wie ein Gummiband, dünner als ein menschliches Haar und kann bis zu 200 Grad Hitze aushalten.
Das Tolle ist, die Spinne kann daraus je nach Bedarf unterschiedliche Fäden herstellen. Sie baut damit Wohnhöhlen, Fangnetze, Vorratskammern und Brutkammern.

Je nach Art nutzen die Spinnen ihren Faden ganz unterschiedlich.

RADNETZSPINNEN: Bei uns gibt es 46 verschiedene Arten. Ihre riesigen Netze erinnern an ein Wagenrad. Wenn sich ein Insekt verfangen hat, lähmt die Spinne es mit ihrem Gift und saugt es aus.

BALDACHINSPINNEN: Die unscheinbaren Baldachinspinnen bauen Netze in verschiedenen Ebenen. Unten gibt es Stolperdrähte, die mit einem baldachinartig aufgespannten Netz verbunden sind.

TRICHTERSPINNEN: Das Trichternetz ist vor allem von unserer Hauswinkelspinne her bekannt, die in unseren Garagen, Kellern und Wohnungen heimisch ist. Aus weit ausladenden Gespinstteppichen bildet sie dabei einen Trichter, der in eine nach hinten hin offene Wohnröhre mündet.

Spinnen-Beobachtungsbox

Um die interessanten Tiere über einen längeren Zeitraum zu erforschen, kannst du dir eine Beobachtungsbox bauen.

Du brauchst:

- Schuhkarton
- Klarsichtfolie
- breites Klebeband
- Schneidemesser
- Sprühflasche
- Blätter, Erde und Zweige

1. Schneide eine große, rechteckige Öffnung aus zwei Schachtelseiten. Lass dir am besten von einem Erwachsenen dabei helfen. Es muss ein zwei bis drei Zentimeter breiter Rand stehen bleiben.
2. Spanne über die Ausschnitte Klarsichtfolie und klebe sie mit dem Klebeband fest. In die Folie stichst du kleine Löcher, denn die Spinne braucht Luft zum Atmen.
3. Mach das Gleiche mit der großen Schachtelöffnung.
4. Schneide eine Eingangstüre, die du mit Klebeband verschließen kannst, in den Schachtelboden. Durch diese kannst du die Spinne mit Futter und Pflanzenteilen versorgen.
5. Nun richte der Spinne den Karton gemütlich ein.

Nun brauchst du nur noch eine Spinne zu fangen. Damit die Spinne nicht verhungert, kannst du ihr ein paar Fliegen oder Mücken in die Box geben. Besprühe auch immer wieder die Blätter mit Wasser. Nach zwei bis drei Tagen solltest du dein »Haustier« aber wieder freilassen.

Baumporträts

Messen
Zählen
Erkennen

Bäume gibt es in ganz unterschiedlichen Arten und Größen. Sicherlich hast du einen Baum, der dir besonders gut gefällt. Entweder im eigenen Garten, im Wald, im Park oder am Spielplatz. Hier erfährst du, wie du deinen Lieblingsbaum näher kennenlernen kannst.

So misst du die Höhe eines Baumes:

Du brauchst:

- quadratisches Stück Papier
- Maßband

Den Baumumfang kannst du ganz einfach mit einem Maßband ermitteln.

1. Falte ein quadratisches Blatt zur Hälfte, sodass es ein Dreieck ergibt.
2. Halte das Dreieck vor ein Auge. Halte die Ecke mit dem 90-Grad-Winkel und richte den Rest des Dreiecks zu dir hin. Eine der kurzen Seiten sollte horizontal und die andere sollte senkrecht sein. Du solltest nun entlang der längsten Seite schauen können, indem du deine Augen hebst.
3. Gehe vom Baum weg, bis du die Baumspitze an der oberen Spitze des Dreiecks sehen kannst. Schließe ein Auge und schau mit dem anderen an der längsten Seite des Dreiecks entlang, bis du die genaue Spitze des Baumes siehst. Du musst den Punkt finden, wo deine Sichtweite der längsten Seite des Dreiecks folgt, bis hin zur Spitze des Baumes.
4. Markiere diesen Punkt am Boden und miss den Abstand von dort bis zum Ansatz des Baumes. Zähle deine eigene Größe dazu, da du den Baum von deiner Augenhöhe aus angeschaut hast. Jetzt kennst du die Höhe des Baumes.

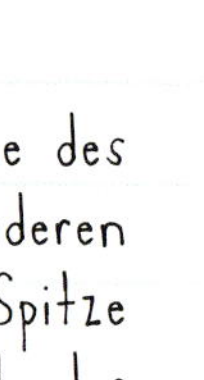

MEIN LIEBLINGSBAUM

Art: ....

Standort: ....

Höhe: ....

Stammumfang: ....

Baumbewohner: ....

Weitere Beobachtungen: ....

....

....

Mein Baum

Schon gewusst?

Anhand der Jahresringe kannst du nicht nur das Alter des Baumes ablesen. Wenn der Stamm wächst, entstehen immer neue Ringe, im Frühjahr ein heller und im Herbst ein dunklerer Ring. Breite Ringe erzählen von guten Jahren, schmale erzählen von schlechten Jahren.

KURIOSE FAKTEN

- Eichhörnchen vergessen viele Verstecke ihres Wintervorrats und pflanzen deshalb unfreiwillig Hunderte neuer Bäume.
- Der älteste Baum der Welt ist fast 10 000 Jahre alt – also doppelt so alt wie die ägyptischen Pyramiden. Er steht in Schweden.
- Ein Baum hat durchschnittlich 30 000 Blätter.
- In Deutschland gibt es keine Vampirfledermäuse. Aber selbst wenn:
  Sie trinken gerade mal zwei Esslöffel Blut pro Mahlzeit.

- Rehe können über vier Meter weit springen.
- Es gibt professionelle Regenwurmjäger. Ihre Jagdmethode: »Wurmgrunzen«. Dabei schicken sie mit einem Stock Vibrationen in die Erde, die die Würmer an gefährliche Maulwürfe erinnern und an die Oberfläche treiben.
- In einer Handvoll Waldboden gibt es mehr Lebewesen als Menschen auf der Erde.
- Fleischfressende Pflanzen gibt es nur im Dschungel? Falsch gedacht!
  In Deutschland sind gleich fünf Arten heimisch, z. B. der Sonnentau.
- Eine junge Stinkmorchel heißt »Hexenei«.
- Bäume sind morgens dicker als abends.
- Es gibt nachtleuchtende Pilze.
- Eine Buche produziert pro Tag bis zu zwölf Kilogramm Zucker.

SPIEL UND SPASS

Entdecker-Bingo (min. zwei Spieler)

Du brauchst:

- Papier
- Stifte

Zeichne für die Bingokarte ein Quadrat mit fünf mal fünf Feldern auf ein Stück Papier. Schreibe, male oder klebe in jedes Feld eine Entdeckung, die die Mitspieler beim Waldspaziergang machen müssen, z. B.: Fuchsspur, Eichenblatt, Kiefernzapfen, Buschwindröschen, Eichelhäher ...

Jeder Spieler erhält eine Bingokarte und einen Stift und kreuzt beim Waldspaziergang seine Entdeckungen an. Wer zuerst waagerecht, senkrecht oder diagonal eine Reihe angekreuzt hat, ruft »Bingo!« und hat gewonnen.

Das Spiel kannst du natürlich auf alle anderen Landschaften anpassen.

Eichhörnchen-Spiel (min. drei Spieler)

Du brauchst:

- pro Spieler 15 Eicheln
- Filzstift

Malt auf circa ein Drittel der Eicheln ein Kreuzchen – Eicheln ohne Kreuz sind einen Punkt wert, mit Kreuz sogar zwei. Dann versteckt sie heimlich in einem vorher festgelegten Bereich, z. B. unter Blättern oder zwischen Steinen. Dann dürfen die restlichen Spieler loslaufen und suchen. Wer nach zehn Minuten die meisten Punkte hat, gewinnt und darf in der nächsten Runde die Eicheln verstecken.

ENTDECKERBOGEN WALD

Säugetiere	 Rehbock	 Hirsch	 Igel
Datum			
Vögel	 Buntspecht	 Eichelhäher	 Weidenmeise
Datum			
Insekten	 Bockkäfer	 Hirschkäfer	 Rosenkäfer
Datum			
Pflanzen	 Farn	 Moos	 Blaubeere
Datum			
Bäume	 Fichte	 Kiefer	 Buche
Datum			

In unseren Wäldern leben viele verschiedene Tier- und Pflanzenarten. Hier kannst du vermerken, was du alles entdeckt hast. Außerdem ist jeweils noch Platz für weitere Beobachtungen.

Fuchs	Maus	Marder	

Haselhuhn	Heckenbraunelle	Turteltaube	

Laufkäfer	Waldameise	Mistkäfer	

Bärlauch	Buschwindröschen	Waldgeißbart	

Eiche	Birke	Esche	

Auf Feld und Wiese

Bei einer Wanderung über Felder und Wiesen kann man viel beobachten. Hier sind viele Vögel und Insekten heimisch. Von Frühjahr bis Herbst herrscht ein reges Treiben. Doch nicht nur die Tiere, sondern auch die Pflanzen sollte man genauer betrachten.

Checkliste Ausrüstung:

Diese Dinge solltest du bei einer Wanderung über Feld und Wiese dabeihaben:

- dem Wetter entsprechende Kleidung
- je nach Länge der Wanderung Verpflegung und Wasser
- Becherlupe
- kleine Papiertütchen
- Stoffbeutel für Funde
- Schere
- dieses Buch und einen Stift

Schon gewusst?

Warum brennen Brennnesseln?
Brennnesseln haben kleine Härchen an Stängeln und Blättern. Diese sind mit einer Flüssigkeit gefüllt. Wenn du sie berührst, brechen sie ab und die brennende Flüssigkeit gelangt in die Haut. Das tut weh. So schützt sich die Pflanze vor Fressfeinden.

Die Apotheke am Wegesrand

Auf Wanderungen durch die Natur kann man viele Wildkräuter entdecken. Im Garten werden sie häufig als Unkraut ausgerupft, dabei kann man tolle Sachen daraus herstellen. Viele Kräuter haben eine heilende Wirkung und werden schon seit Jahrhunderten als Medizin genutzt.

Thymian

Höhe: 10 bis 40 Zentimeter hoch

Blüte: Die Blüten sind klein und rosa bis weiß.

Verwendung: hilft bei Husten

Hustensaft

Du brauchst:

- 100 Gramm frische Thymian- und Spitzwegerich-Blätter
- 250 Milliliter Wasser
- 125 Gramm Zucker

1. Wasche die Blätter und zerrupfe oder zerschneide sie.
2. Lege sie in einen Kochtopf, übergieße sie mit Wasser und bringe es zum Kochen.
3. Lass die Kräuter 30 Minuten lang köcheln und gieße den Sud dann durch ein Sieb.
4. Koche den Saft mit dem Zucker auf und fülle ihn heiß in Flaschen ab.

Hast du Husten, kannst du täglich drei Teelöffel von dem Sirup einnehmen.

Kamille

Höhe: bis 50 Zentimeter hoch

Blüte: weiße Blüten

Verwendung: hilft bei Entzündungen

Alleskönner Kamille:

- getrocknet als Tee
- Kamillen-Smoothie: Bei Stress, Nervosität und in angespannten Situationen kann ein Kamillen-Smoothie entspannen und Vertrauen geben. Dazu zehn Kamillenblüten mit 150 Milliliter Wasser und etwas Steviakraut, Honig oder Obst zu einem Smoothie mixen.
- Kamille eignet sich als Haarspülung zum sanften Aufhellen der Haare. Dafür einen Kamillenabsud bereiten und etwas Zitronensaft dazumischen. Besonders blonde Haare profitieren von dieser Spülung.

Spitzwegerich

Höhe: bis zu 50 Zentimeter hoch

Blüte: großer Blütenstand, die Blüten sind klein und weiß.

Verwendung: hilft bei Insektenstichen und Brennnesselverbrennungen

Spitzwegerich-Pflaster

Spitzwegerich ist eine alte Heilpflanze und vor allem für seine wundheilenden, juckreizstillenden Eigenschaften bekannt.
Wenn sich einer von euch unterwegs eine kleine Wunde zuzieht oder euch ein Insekt gepikst hat, könnt ihr die betroffene Stelle durch Auflegen eines gequetschten Spitzwegerich-Blattes behandeln.

Spitzwegerich-Salbe

Du brauchst:

- eine Handvoll Spitzwegerich-Blätter
- circa 250 Milliliter Olivenöl
- circa 30 Gramm Bienenwachs
- kleine, desinfizierte Schraubgläser oder Salbentiegel
- Topf
- Holzlöffel

Und so wird die Salbe hergestellt:

1. Spitzwegerich-Blätter grob hacken und in den Topf geben.
2. Olivenöl hinzufügen. Alle Blätter sollten gut mit Öl bedeckt sein.
3. Olivenöl erhitzen und das Blatt-Öl-Gemisch sanft ziehen lassen, bis sich die Blätter dunkel verfärben. Das Öl soll leicht simmern, aber nicht sprudelnd kochen.
4. Topf vom Herd nehmen und etwas abkühlen lassen.
5. Etwas Bienenwachs hinzugeben und mit dem Holzlöffel verrühren.
6. Um die Konsistenz der Salbe zu prüfen, eine Probe entnehmen und auf einem kalten Teller erkalten lassen. Ist die Salbe zu flüssig, noch etwas Wachs hinzugeben. Wenn sie zu fest ist, noch etwas Öl hinzufügen.
7. Die fertige Salbe in Tiegel füllen.
8. Nach dem Abfüllen solltet ihr die Tiegel noch einige Stunden offen stehen lassen, damit überschüssiges Wasser verdunsten kann.

Hält ungefähr ein Jahr.

Was wächst denn da?

Auf euren Spaziergängen kommt ihr sicherlich immer mal wieder an Feldern vorbei. Aber wisst ihr auch, was darauf wächst?

Getreidearten:

So kannst du die einzelnen Getreidearten voneinander unterscheiden:

Die Ähre des Roggens hat lange Grannen. Die Körner sind länglich und grau.

Die Ähre der Gerste hat lange Grannen. Die Körner sind dick und spitz.

Die Ähren des Weizens haben kurze Grannen. Die Körner sind rötlich, dick und kurz.

Der Hafer hat Rispen, eine Art kleiner Zweige, daran hängen die Ähren.

Andere Feldfrüchte

Raps

Kartoffeln

Zuckerrüben

Mais

Sonnenblumen

Trage jeweils ein, wann du welche Felder entdeckt hast. Welche Art konntest du am häufigsten entdecken?

Ort/Datum	Getreide	Raps	Mais	Kartoffeln	Rüben	Sonnenblumen

Beobachtung

Beobachte ein Sonnenblumenfeld genauer. Was fällt dir auf?

....

....

Sonnenblumen drehen ihre Köpfe immer zur Sonne. Daher schauen auch alle Blüten in die gleiche Richtung und drehen sich über den Tag hinweg.

Pflanzen pressen

Bei deinen Ausflügen in die Natur begegnen dir viele schöne Blumen und grüne Pflanzen. Eine Möglichkeit, um länger Freude daran zu haben und sie genauer unter die Lupe zu nehmen, ist, die Pflanzen zu pressen.

Am besten legst du dir ein Herbarium an, so nennt man eine Sammlung von gepressten Pflanzen. Sie werden entweder auf lose Blätter geklebt und in einem Ordner gesammelt oder in ein Heft geklebt.

So sammelst du deine Schätze

Im Frühling und Sommer ist die beste Zeit, um Blüten zu sammeln. Die Blätter von Laubbäumen lassen sich im Herbst noch sammeln, die der immergrünen Nadelbäume sogar im Winter. Für den Transport nach Hause steckst du jede Pflanze einzeln in kleine Papiertüten oder Umschläge.

So presst du die Pflanzen

Zu Hause müssen die Pflanzen sofort gepresst werden. Dazu brauchst du saugfähiges Papier (z.B. Löschpapier, Zeitungspapier oder Küchenrolle) und schwere, dicke Bücher. Lege ein Papier auf das aufgeklappte Buch und darauf – mit dem Kopf nach unten – die Pflanze. Achte darauf, dass nichts übereinanderliegt oder geknickt wird. Bedecke dann das Ganze mit einem zweiten Stück Löschpapier, auf das du vorher den Artnamen, den Fundort und das Datum notiert hast. Nun musst du nur noch das Buch vorsichtig zuklappen und mit einem weiteren schweren Buch beschweren. Nach zwei bis vier Wochen ist die Pflanze gepresst.

Einkleben und beschriften

Wenn die Pflanze vollständig trocken ist, kannst du sie weiterbearbeiten. Lege sie auf die passende Seite deines Herbariums. Nun befestige Klebestreifen oben am Stängel unterhalb der Blüte und unten am Ende des Stängels. Achte darauf, dass die Klebestreifen die wichtigen Teile der Pflanze nicht bedecken! Notiere darunter die Pflanzenart und den Fundort.

Diese heimischen Pflanzen sind besonders gut zu finden:

Hirtentäschelkraut

Duftveilchen

Hundsrose

Klatschmohn

Kriechender Hahnenfuß

Stinkender Storchschnabel

Gänseblümchen

Vergissmeinnicht

KURIOSE FAKTEN

- Das Kaninchen ist das beliebteste Beutetier der Welt. Zum Glück vermehrt es sich so schnell, dass es nicht vom Aussterben bedroht ist.
- Kaninchen können nicht kotzen und fressen ihren eigenen »Blinddarmkot«.
- Einige Arten von Blattläusen landen immer auf den Füßen, wenn sie herunterfallen.
- Nur zwei von den sieben in Deutschland heimischen Schlangenarten sind giftig.
- In Deckung! Das Drüsige Springkraut schleudert seine reifen Samen blitzschnell bis zu sieben Meter weit.
- Tiere »sprechen« mit Dialekt. Je nach Herkunft muhen z. B. Kühe unterschiedlich.
- Der Feldhamster kann bis zu 50 Gramm Getreide in seine Backentaschen stopfen: etwa ein Zehntel des eigenen Gewichts!
- Pflanzen können einen Sonnenbrand bekommen.
- Schmetterlinge schmecken mit den Füßen.
- Auf hohen Bergen kocht Wasser schon bei weniger als 100 Grad Celsius.
- Ein Regenbogen ist eigentlich ein kreisrunder Regenring.
- Ein Maulwurf kann pro Nacht bis zu 75 Meter weit graben – auf einem Fußballfeld etwa der Abstand zwischen den Elfmeterpunkten.

SPIEL UND SPASS

Bootsrennen (min. zwei Spieler)

Du brauchst:

- einen Bach
- Naturmaterialien wie Rinde, Nussschalen, Äste, Blätter, Korken oder Papier

Am Anfang bastelt jeder Spieler ein kleines Segelboot aus Naturmaterialien. Das kann z. B. ein Stück Rinde sein, mit einem Stöckchen als Mast und einem großen Laubblatt als Segel. Dann legt ihr am Bach einen Start- und einen Zielpunkt fest. Alle Spieler lassen ihre Boote gleichzeitig am Start zu Wasser und verfolgen, welches zuerst am Ziel ankommt.

Fleißige Bienchen (für eine große Gruppe)

Du brauchst:

- eine ungerade Anzahl an Spielern

Alle Spieler finden sich zu Paaren zusammen. Das Kind, das allein bleibt, ist die Bienenkönigin. Sie bestimmt, was die anderen »Bienen« machen, und ruft ihnen z. B. zu: »Hüpft auf einem Bein!«, »Flattert mit den Armen!« oder »Dreht euch im Kreis!« Wenn sie aber »Fleißige Bienchen!« ruft, lösen sich die Paare auf und alle Spieler – auch die Königin – suchen sich schnell einen neuen Partner. Das Kind, das übrig bleibt, ist die neue Königin.

ENTDECKERBOGEN FELD UND WIESE

Säugetiere	 Rehbock	 Feldhase	 Igel
Datum			
Vögel	 Reiher	 Lerche	 Schnepfe
Datum			
Insekten	 Heuschrecke	 Hummel	 Biene
Datum			
Blumen	 Mohn	 Löwenzahn	 Kornblume
Datum			
Bäume und Sträucher	 Haselstrauch	 Sanddorn	 Schlehe
Datum			

Auf unseren Feldern und Wiesen leben viele verschiedene Tier- und Pflanzenarten. Hier kannst du vermerken, was du alles entdeckt hast. Außerdem ist jeweils noch Platz für weitere Beobachtungen.

Fuchs	Maus	Kaninchen	

Neuntöter	Mäusebussard	Kuckuck	

ßes Ochsenauge	Ameise	Tagpfauenauge	

Schafgarbe	Sumpfdotterblume	Stacheldistel	

Wildapfel	Eberesche	Holunder	

In der Stadt und im Garten

Auch in der Stadt gibt es Pflanzen und Tiere. Ob im Garten oder auf dem Balkon, im Park oder auf kleinen Grünflächen, überall ist Natur. Gehe mit offenen Augen durch die Straßen und du kannst so einiges entdecken.

Checkliste Ausrüstung:

Diese Dinge solltest du dabeihaben:

- dem Wetter entsprechende Kleidung
- Becherlupe
- Fotoapparat
- dieses Buch und einen Stift

Schon gewusst?

Forscher haben festgestellt, dass Vögel, die in der Stadt leben, lauter singen als ihre ländlichen Kollegen. Wahrscheinlich versuchen die Tiere, den Straßenlärm zu übertönen.

Mehr Schein als Sein

Blumen gibt es in ganz unterschiedlichen Farben, Größen und Formen. Zu den heimischen Blumen mit den größten Blüten zählen die Sonnenblumen. Ihre Blüte kann größer als ein Fußball werden. Aber wenn du sie genauer betrachtest, siehst du, dass das gar keine echte Blüte ist!

Der Trick

Je bunter und größer eine Blüte, umso schneller und besser wird sie von Insekten entdeckt. Die Blume braucht die Insekten, um sich vermehren zu können. Daher setzen sich viele einzelne Blüten zu einer großen Blüte zusammen. Das nennt man eine Scheinblüte. Nicht nur die Sonnenblume greift auf diesen Trick zurück.
Wenn du die Blumen im Garten oder Park näher unter die Lupe nimmst, wirst du noch einige »Betrüger« entdecken.

Hier hast du Platz für deine Notizen:

....

....

Herzlich willkommen!

Viele Insekten sind nützliche Gäste im Garten, denn sie fressen Schädlinge und halten so die Pflanzen gesund. Damit sich diese Tiere in eurem Garten wohlfühlen, kann man ihnen ganz einfach gemütliche Wohnungen bauen.

Ohrwurmhotel

Ohrwürmer zählen zu den nützlichen Insekten. Sie haben großen Appetit auf Blattläuse und die Eier von Apfelwicklern, Milben und Gespinstmotten. Damit Ohrwürmer sich auf euren Bäumen niederlassen, kannst du sie mit einem speziellen Unterschlupf beglücken.

Du brauchst:

- einen Blumentopf
- ein Stück Schnur
- ein kleines Querholz
- Stroh oder Holzwolle
- ein Stückchen Maschendraht

Ziehe ein Stück Schnur mit einem eingeknoteten Querholz von unten durch das Loch eines umgedrehten Tontopfs. Anschließend füllst du den Topf mit Stroh oder Holzwolle und verschließt die Öffnung mit einem Stück Maschendraht.

Wichtig

Beachte, dass die Wohnung oben oder unten Kontakt zum Stamm oder zu einem großen Ast hat, damit die Ohrwürmer ihren Unterschlupf ohne Umwege erreichen können.

Am besten schon Anfang des Frühjahrs in der Nähe der typischen Überwinterungsquartiere (Reisighaufen, Laubhaufen und so weiter) mit der Öffnung nach unten aufstellen. Ab Mitte Juni dann mit der Öffnung nach unten in einen Baum hängen.

Florfliegen-Apartment

Auch für die Florfliege und den Marienkäfer kannst du einen Unterschlupf basteln. Diese beiden Nützlinge verspeisen Blattläuse und Schildläuse.

Du brauchst:

- ein Netz, z. B. von Zwiebeln
- Kiefernzapfen
- Bindfaden
- Stück Schnur
- Schere

Schneide das Netz an einer Stelle vorsichtig auf und hole das Gemüse heraus. Fülle durch das Loch die Kiefernzapfen ein. Dann verschließe das Loch mit dem Bindfaden. Ziehe nun ein Stück Schnur durch das Netzgitter und befestige das Zapfenhotel an einem Baum.

Wichtig

Achte darauf, dass der Unterschlupf an einem geschützten Ort hängt.

Was für ein Gezwitscher!

Im Frühling zur Paarungszeit singen die Vögel besonders ausdauernd. Denn mit ihrem Gesang versuchen die Männchen, die Weibchen zu beeindrucken oder ihr Brutrevier zu beanspruchen. Die einzelnen Vogelarten singen aber nicht zur gleichen Zeit. Die Frühaufsteher beginnen schon vor Sonnenaufgang, andere warten, bis die Sonne bereits aufgegangen ist.

☐ 4:40 Uhr Kohlmeise

Die Vogeluhr

Am besten stellst du dir im Mai deinen Wecker auf kurz vor 4 Uhr morgens und lauschst, welches Zwitschern du wann zu hören bekommst.

☐ 4:20 Uhr Zaunkönig

☐ 4:15 Uhr Amsel

☐ 4:10 Uhr Rotkehlchen

☐ 4 Uhr Gartenrotschwanz

- [ ] 4:50 Uhr Zilpzalp
- [ ] 5 Uhr Buchfink
- [ ] 5:20 Uhr Haussperling
- [ ] 5:35 Uhr Mönchsgrasmücke
- [ ] 5:40 Uhr Star
- [ ] 5:45 Uhr Distelfink

Damit du die Vögel besser unterscheiden kannst, kannst du sie dir im Internet anhören unter: deutsche-vogelstimmen.de oder vogelstimmen-hoeren.de

Rettet die Bienen!

An schönen Sommertagen summt und brummt es auf den Wiesen: Bienen fliegen herum, sammeln Nektar und bestäuben die Blumen. So können neue Pflanzen wachsen. Bienen sind daher für uns sehr wichtig. Ohne Wild- und Honigbienen gäbe es kein Obst, kein Gemüse und keine Blumen. Doch seit Jahren beobachten Forscher, dass sie immer weniger werden.

Dafür gibt es mehrere Gründe:

1. Die Varroa-Milbe. Die winzigen Spinnentiere leben vom Blut der Honigbienen. Über ihre Bisswunde dringen Krankheiten ein, die die Biene schwächen. Teilweise sterben ganze Bienenvölker.

2. Es gibt immer weniger Blütenpollen. Viele Wiesen werden schon abgemäht, bevor sie blühen. Dadurch finden Bienen immer weniger Nahrung.
3. Vor allem Wildbienen werden durch den Einsatz von Pflanzenschutzmitteln in der Landwirtschaft geschwächt.

Diese Bienenfreunde wachsen sogar auf einem kleinen Stadtbalkon oder am Fenstersims:

Der besondere Tipp: Pflanze Küchenkräuter wie z. B. Bohnenkraut, Thymian und Minze, denn da haben Mensch und Biene etwas davon. Schneide die Blüten nicht ab!

Schopflavendel

Sonnenblume

Männertreu

Vanilleblume

Wie unterscheiden sich Honigbienen und Wildbienen?

Honigbienen leben in Bienenstöcken zusammen. Wildbienen hingegen leben überwiegend allein. Es gibt etwa 560 Wildbienenarten in Deutschland – hierzu zählen übrigens auch die Hummeln. Die Honigbiene macht aus Nektar Honig. Die allein lebende Wildbiene stellt dagegen keinen Honig her.

Kleine Bienenbeobachtung:

Bienenart	8 Uhr	12 Uhr	16 Uhr	19 Uhr	besuchte Pflanzen
Honigbiene 					
Hummel 					
Rote Mauerbiene 					
Pelzbiene 					

Schon gewusst?
Eine Honigbiene bestäubt täglich bis zu 1000 Blüten, und ein Bienenvolk fliegt für 500 Gramm Honig umgerechnet dreimal um die Erde.

AUF FOTOSAFARI

Tauben haben große visuelle Fähigkeiten. Sie können sich bis zu 725 verschiedene Muster einprägen.
Die Vögel schaffen es, auf Fotos Frauen- und Männergesichter zu unterscheiden.

Der buschige Schwanz der Eichhörnchen dient beim Weitsprung als Steuerruder. Beim Klettern halten die Tiere damit das Gleichgewicht am Baumstamm.

Hier ist Platz für deine Notizen:

Meine Straße:

Diese Pflanzen und Tiere habe ich beobachte

Art	Wann?

Um interessante Entdeckungen zu machen, musst du nicht immer auf große Wanderungen oder ausgedehnte Spaziergänge gehen. Schnapp dir einen Fotoapparat und erforsche deine Straße. Achte dabei auch auf kleine Pflanzen und Tiere; du wirst staunen, wie viele du entdecken wirst. Versuche zu Hause anhand deiner Fotos herauszufinden, was du genau entdeckt hast.

Wie viele?	Beobachtungen

Heute leben mehr Füchse in der Stadt als im Wald.

Der Löwenzahn lässt seine Samen vom Wind forttragen. Daher hat jeder Samen einen kleinen Fallschirm.

Die häufigsten Baumarten in der Stadt in Deutschland sind mit 24 Prozent die Linde, mit 15 Prozent der Ahorn, mit neun Prozent die Eiche, mit sechs Prozent die Platane und mit vier Prozent die Rosskastanie.

Nachtwanderung

Muss man nachts das Gruseln kriegen? Nein, denn die seltsamen Geräusche, die du in der Nacht hörst, sind die, die tagsüber im Tageslärm einfach untergehen. Manche Beobachtungen kannst du nur in der Nacht machen und manche Geräusche auch nur in der Nacht hören. Als echter Naturforscher heißt das also: »Ab ins Dunkel!«

Checkliste Ausrüstung:

- dem Wetter entsprechende Kleidung
- je nach Länge der Wanderung Verpflegung und Wasser
- Kompass
- Taschenlampe
- weißes Tuch
- dieses Buch und einen Stift

Ideal für Nachtwanderungen ist der Wald, aber auch Feldwege, Stadtparks und unbeleuchtete Dorfstraßen bieten sich an. Außerhalb von Ortschaften lassen sich die Sterne bei klarem Himmel besonders gut beobachten. Vielleicht siehst du am Nachthimmel auch Fledermäuse oder einen Uhu. Am Boden oder im Gebüsch entdeckt man mit etwas Glück ein paar Glühwürmchen, am Boden einen Igel oder eine Maus. Spitze deine Ohren, dann hörst du vielleicht ein Tier durch das Gestrüpp rascheln.

So verhalte ich mich bei einer Nachtwanderung:

Alle bleiben zusammen.

Ich mache keinen unnötigen Lärm.

Jeder achtet in der Dunkelheit gut auf seine Sachen.

Keiner verlässt die Gruppe ohne Erlaubnis.

Abfälle/Verpackungen werden im Rucksack wieder mitgenommen.

Der besondere Tipp:
Benutze deine Taschenlampe nur im Notfall. Es ist besser, wenn sich deine Augen an die Dunkelheit gewöhnen, so kannst du bessere Beobachtungen machen.

Insektenleuchten in der Nacht

Wusstest du, dass es mehr nachtaktive als tagaktive Falter gibt? Ungefähr 20-mal so viele! In einer lauen Sommernacht kannst du sie mit einem Trick anlocken und beobachten.
Hänge dazu ein weißes Tuch an einen Ast und leuchte es mit deiner Taschenlampe an. Nach kurzer Zeit werden sich einige Falter auf dem Tuch niederlassen. Sie werden vom Licht magisch angezogen. Schau sie dir genau an. Wie viele unterschiedliche Arten kannst du entdecken?

Arten:

Hier findest du die häufigsten Nachtfalter. Kreuze an, welche du entdecken konntest.

☐ Frostspanner

☐ Birkenspanner

☐ Gammaeule

☐ Schönbär

☐ Gitterspanner

☐ Kleines Nachtpfauenauge

Der Sternenhimmel

Bestimmt hast du schon einmal in einer klaren Nacht zum Himmel geschaut und die vielen glitzernden Sterne bewundert. Schon vor 4000 Jahren haben die Menschen den Sternenhimmel in Bilder aufgeteilt und Sternen-Ansammlungen Namen gegeben. Und zwar überall auf der Welt verschiedene. Inzwischen haben sich die Astronomen weltweit auf 88 Sternbilder geeinigt.

Da sich die Erde einmal im Jahr um die Sonne dreht, können wir nicht immer alle Sternbilder beobachten. Zu jeder Jahreszeit sind andere Bilder am Himmel zu sehen: Zwei aber kannst du das ganze Jahr über bewundern: Den Kleinen und den Großen Wagen.

Wenn du den Großen Wagen kennst, dann kannst du dich am Sternenhimmel orientieren und auch die Himmelsrichtungen bestimmen. Darunter darfst du dir aber kein Auto vorstellen, sondern eher einen Handwagen, den man von der Seite sieht. Er hat sieben hellere Sterne, von denen vier zu einem Trapez angeordnet sind. Die restlichen drei bilden die Deichsel.

Der Polarstern ist ein besonderer Stern. Er steht nämlich fast genau über dem Nordpol der Erde. Du findest ihn, indem du den Abstand zwischen den beiden hinteren Kastensternen des Großen Wagens fünfmal verlängerst. Der Polarstern ist nicht besonders hell, doch stehen in seiner Umgebung nur sehr wenige Sterne, sodass er gut zu finden ist.

Denkst du dir nun vom Polarstern eine gerade Linie nach unten, so findest du dort den Norden. So kannst du dich auch in der Nacht ohne Kompass orientieren.

Mit dem Polarstern hast du dann auch den vordersten Deichselstern des Kleinen Wagens gefunden. Dieser sieht genauso aus wie der Große Wagen. Ist nur etwas kleiner und etwas verdreht.

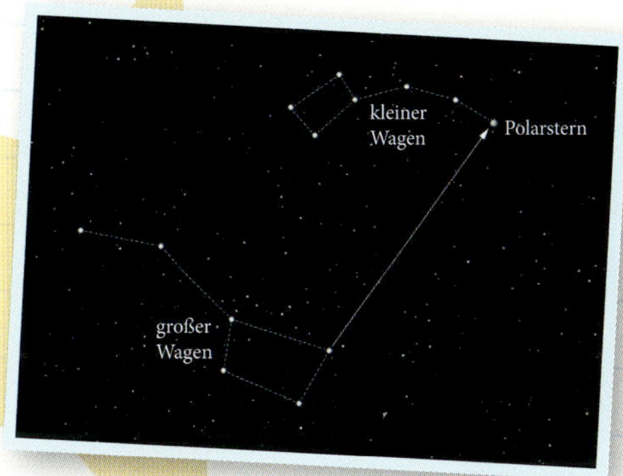

Der besondere Tipp:

Eine Sternschnuppe soll Glück bringen und Wünsche wahr werden lassen. In diesen Nächten hat man besonders große Chancen, welche zu entdecken:
16.–25. April, 10.–12. August, 14.–21. November

Es gibt tolle Handy-Apps, mit denen du die verschiedenen Sternbilder am Himmel erforschen kannst, z. B. SkyView.

Der Mond

Der Mond ist der ständige Begleiter der Erde. Am Nachthimmel wirkt er so groß wie die Sonne. Aber das täuscht nur: In Wirklichkeit ist der Mond nämlich 400-mal kleiner als sie! Nacht für Nacht scheint der Mond seine Form zu verändern. Diese Veränderungen bezeichnet man als Phasen.

In genau 29,5 Tagen umkreist der Mond die Erde einmal.

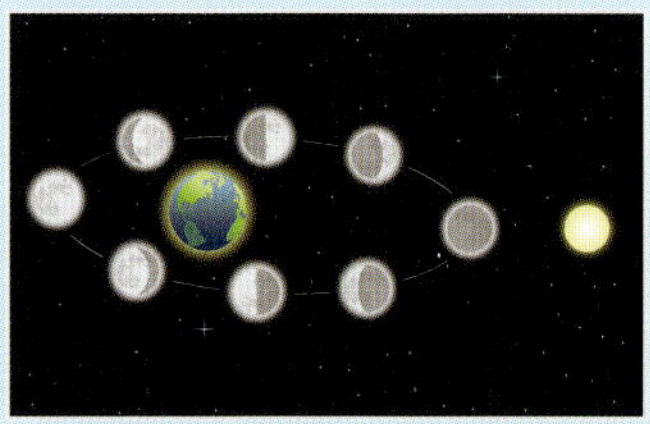

Der Mond ist ein Erdtrabant. Das heißt: Er umkreist die Erde immer auf der gleichen Bahn. Die Erde wiederum umkreist die Sonne. Der Mond leuchtet nicht von selbst. Wir können nur diejenigen Teile des Mondes sehen, die von der Sonne beleuchtet werden.

Wusstest du, dass ...

- der Fußabdruck des ersten Menschen auf dem Mond, Neil Armstrong, immer noch auf dem Mond zu sehen ist? Auf dem Mond gibt es nämlich weder Luft, Wind noch Wasser, die ihn verwischen könnten.
- ein Tag auf dem Mond einen Monat dauert? Das liegt daran, dass sich die Erde viel schneller um ihre Achse dreht als der Mond.
- Astronauten bisher insgesamt 300 Stunden auf dem Mond waren?
- bis auf Merkur und Mars alle Planeten unseres Sonnensystems Monde haben? Jupiter hat mit 67 Monden die meisten.

Die Mondphasen:

Am Anfang haben wir den Neumond. Nach ungefähr drei Tagen ist der Mond als Sichel zu sehen. Am siebten oder achten Tag folgt der Halbmond. Drei bis vier Tage später ist der Mond schon fast komplett, er sieht nun aus, als hätte man ihm eine Sichel herausgeschnitten. Ungefähr am 15. Tag ist dann Vollmond und der Mond erstrahlt in seiner ganzen Schönheit am Himmel. Danach laufen die Phasen in umgekehrter Reihenfolge ab, bis es wieder Neumond ist.

Versuche den Mond einen Monat lang zu beobachten. Male ihn, wenn du eine Veränderung bemerkst, und notiere jeweils das Datum unter dem Bild.

Mein Mondkalender

Mond					
Datum					
Mond					
Datum					
Mond					
Datum					

Wind und Wetter

Das Wetter ist für die Natur von entscheidender Bedeutung. Um die Erde ist eine Lufthülle, die Atmosphäre. Wetter spielt sich genau in dieser Hülle ab. Dazu gehören Sonnenschein, Bewölkung, Regen, Wind, Hitze und Kälte. Das Wetter verändert sich ständig.

Den größten Anteil an Wetterveränderungen hat die Sonne. Sie erwärmt verschiedene Teile der Atmosphäre, während sich die Erde um ihre eigene Achse dreht. Die Hitze der Sonne über dem Meer sorgt dafür, dass Wasser verdunstet und Wolken entstehen. Wind entwickelt sich dadurch, dass es an manchen Stellen wärmere Luft gibt als woanders.

Die Sonne ist auch für die Temperaturen auf der Erde zuständig. Je senkrechter ihre Strahlen auf die Erde scheinen, desto heißer ist es in dieser Region.

Weil das Wetter für viele Menschen wichtig ist, wollten sie es schon immer vorhersagen. Heute macht das eine eigene Wissenschaft, die Meteorologie. Fast überall auf der Welt stehen Wetterstationen, in denen der Wind, der Regen und anderes gemessen werden.

Wetterzapfen

Binde einen Zwirnsfaden an einen schönen, großen Fichtenzapfen und hänge ihn auf dem Balkon, der Terrasse oder vor deinem Fenster auf.

Bei schönem, trockenem Wetter öffnen sich die Schuppen des Zapfens, bei feuchtem und regnerischem Wetter bleiben sie verschlossen.

Wolken regeln unseren Wasserhaushalt, sie sind lebensnotwendig für alle Lebewesen auf der Erde. Sie speichern verdunstetes Wasser aus Flüssen, Seen und Weltmeeren und tragen es als Regen weiter.

Wolken sind nichts anderes als sichtbarer Wasserdampf. Aus gasförmigen Wasserteilchen werden Tröpfchen. Aus Tröpfchen werden Tropfen. Und besonders große Tropfen bleiben irgendwann nicht mehr in der Wolke hängen, sondern fallen als Regen zu Boden.

Heiter bis wolkig

Welche Wolkenart bringt eigentlich welches Wetter? Wolke ist nicht gleich Wolke. Wenn du genau hinschaust, kannst du Unterschiede entdecken und mit etwas Übung sogar das Wetter vorhersagen.

SCHÄFCHENWOLKEN: Sie sehen aus wie eine Herde plüschiger Schafe. Wenn du sie beobachten kannst, bleibt das Wetter schön.

HAUFENWOLKEN: sind einzelne, weiße, eher flache Wolken, oft mit dunklerer Unterseite. Sie sind »Schönwetterwolken«, die sich an sonnigen Tagen bilden. Wachsen sie allerdings in die Höhe, dann können aus ihnen Gewitterwolken entstehen.

SCHLEIERWOLKEN: Sie sehen aus wie ein durchscheinender weißlicher Nebel. Obwohl die hohen Schleierwolken kaum auffallen, können sie, wenn sie sich verdichten, die Sonne verdecken. Dann kann es spürbar kühler werden. Verdichtete Schleierwolken deuten meist auf schlechteres Wetter hin. Vor allem wenn sie nach unten sinken.

GEWITTERWOLKEN: Diese riesigen Ungetüme bestehen aus unterschiedlichen Schichten: Im unteren Teil aus Wassertröpfchen, dann aus Hagelkörnern und oben aus Eiskristallen. Sie bringen häufig heftigen Regen, Schneeschauer, Hagel und Graupel – begleitet von Gewittern und starken Windböen.

FEDERWOLKEN: Auch wenn es aus ihnen nicht regnet – Federwolken bilden sich meistens als Vorboten eines nahenden Tiefdruckgebietes, deshalb gelten sie als Schlechtwetterboten.

Wusstest du?

Wolken können federleicht oder tonnenschwer sein:

Während eine Schönwetterwolke nur etwa 0,1 bis ein Gramm pro Kubikmeter wiegt, ist eine Regenwolke von 500 Metern Länge, Höhe und Breite zwischen 12,5 und 125 Tonnen schwer. Gewitterwolken sind noch schwerer.

AKTION: Beobachte den Himmel genau und versuche herauszufinden, wie sich das Wetter im Laufe des Tages verändern wird.

KLEINE WETTERVORHERSAGE				
Datum				
Wolkenart				
Vorhersage				
Eingetroffen				

Blitz und Donner

Du kennst das sicherlich, gerade im Sommer kann es passieren: Plötzlich ziehen sich dunkle, schwarze Wolken am Himmel zusammen, es wird dunkler, der Wind wird heftiger, und bald darauf fängt es an zu regnen. Blitze zucken und es donnert. Ein Gewitter!

Gewitter entstehen, wenn kalte und warme Luftmassen aufeinanderprallen. In den Wolken toben heftige Auf- und Abwinde. So baut sich eine gewaltige elektrische Spannung auf. Die Wolken türmen sich viele Kilometer hoch auf und werden tonnenschwer. Die Spannung steigt und entlädt sich schließlich in einem Kurzschluss: Es blitzt! Die vom Blitz erhitzte Luft dehnt sich schlagartig aus und zieht sich wieder zusammen. Dabei entsteht ein lauter Knall: der Donner.

Wie weit ist das Gewitter entfernt?

Mit dieser einfachen Faustregel kann man errechnen, wie weit das Gewitter weg ist. Dafür teilst du einfach die Sekunden, die zwischen Blitz und Donner liegen, durch drei. Dann erhältst du die Anzahl der Kilometer. Das liegt daran, dass das Licht schneller als der Schall ist. Du siehst den Blitz also früher, als du den Donner hörst. Wenn es blitzt und wir drei Sekunden später einen Donner hören, ist das Gewitter nur circa einen Kilometer weit entfernt.

Auch wenn sich ein Gewitter ziemlich bedrohlich anhört, muss man keine Angst haben – solange man ein paar Dinge beachtet:

Halte dich nicht in offenen Gewässern oder im Freibad auf.

Stelle dich nicht unter Bäume.

Meide erhöhte Plätze, z. B. Aussichtstürme oder Hügel.

In geschlossenen Gebäuden ist man sicher – an den meisten Häusern sind extra Blitzableiter angebracht.

Auf offenem Feld mit zusammengezogenen Füßen in die Hocke gehen.

Im Auto oder im Zug ist man ebenfalls vor dem Gewitter geschützt, da das Metall um einen herum den Blitz ableitet.

Wetterstation

Das Wetter ist eine spannende Sache. Mit ganz einfachen Basteleien kannst du dir deine eigene Wetterversuchsstation bauen und so nicht nur Wetterphänomene beobachten, sondern auch Vorhersagen treffen.

Windmesser

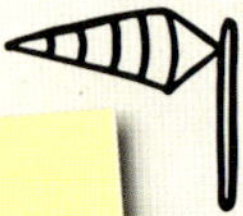

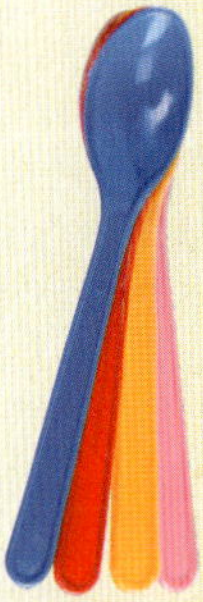

Du brauchst:

- zwei gleiche runde Plastikflaschen
- einen Korken
- ein Messer
- Farbe
- Strumpfstricknadel
- Perle
- vier Plastiklöffel

Zunächst durchbohrst du an beiden Flaschen oben den Deckel. Von einer schneidest du den Boden ab und stülpst sie auf die andere drauf. Schneide in einen dicken Korken vier Längsschlitze. In diese Schlitze steckst du vier kleine Plastiklöffelchen. Einen davon bemalst du farbig. In die Mitte des Korkens steckst du eine Strumpfstricknadel. Das andere Ende der Nadel führst du erst durch eine Perle mit Loch, dann durch die beiden Deckellöcher der Plastikflasche.

Das ist dein Anemometer. Miss damit die Windstärke, indem du die Umdrehungen pro Minute zählst.

Regenmesser

Du brauchst:

- eine große Plastikflasche
- ein Messer
- ein Lineal
- einen Streifen wasserfestes Klebeband
- einen wasserfesten Filzstift

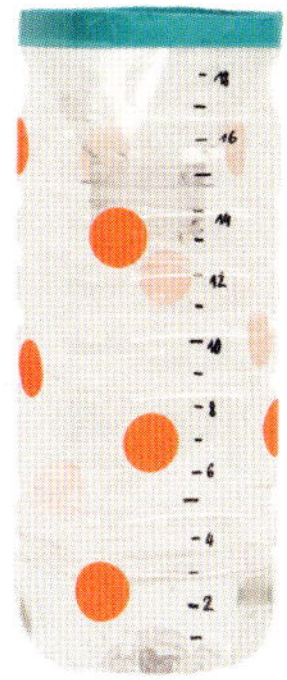

Schneide den oberen Teil der Flasche ab und stülpe ihn kopfüber in ihren unteren Rest. So entsteht eine Art Trichter, durch den sich das Regenwasser im Flaschenboden sammelt. Klebe den Trichter von außen auf die Flasche und zeichne mit dem Lineal eine Skala auf den Flaschenboden. Beginne bei null und bringe im Abstand von jeweils einem Zentimeter die Markierungen an. Die Null befindet sich ganz unten am Flaschenboden. Stelle dein Messgerät an eine ungeschützte Stelle ins Freie. Jetzt kannst du jeden Tag den Niederschlag messen. Nimm den Regenmesser jeden Tag zur gleichen Zeit von seinem Platz und vergleiche deine Messwerte. Notiere sie, damit du sie genau miteinander vergleichen kannst. So kannst du auch ausrechnen, wie viel Niederschlag in einer Woche gefallen ist.

Tag	Regenmenge Woche:	Regenmenge Woche:	Regenmenge Woche:	Regenmenge Woche:
Montag				
Dienstag				
Mittwoch				
Donnerstag				
Freitag				
Samstag				
Sonntag				
Gesamt				

Winterwanderung

Auch im Winter gibt es in der Natur viel zu entdecken. Kahle Bäume und Sträucher ermöglichen einen völlig neuen Blick auf das Leben in der Natur. Nicht alle Tiere halten Winterschlaf, viele sind auch bei kalten Temperaturen und Schnee unterwegs.

Checkliste Ausrüstung:

- dem Wetter entsprechende Kleidung
- eine Thermoskanne mit einem heißen Getränk
- Fernglas
- Kompass
- dieses Buch, Stift und Papier

QUIZ

Warum werfen Laubbäume im Winter ihre Blätter ab?

A. Weil sie sonst verdursten würden.

B. Weil sie sonst erfrieren würden.

C. Weil sie sich von Giftstoffen befreien wollen.

Richtig sind Antwort A und C.

Die einzelnen Baumarten lassen sich anhand ihrer Blätter und Früchte gut unterscheiden. Im Winter ist das anders. Kahle Bäume sehen auf den ersten Blick sehr ähnlich aus. Doch wenn man sich ihre Rinden genauer anschaut, kann man auch daran die Art bestimmen. Übrigens: Je dichter das Blätterdach eines Baumes ist, umso glatter ist seine Rinde. Denn eine glatte Haut schützt weniger vor der Sonne.

Schau genau! Welche Bäume hast du entdeckt?

☐ Buche: Ganz glatte Rinde und leicht silbrig. Der häufigste Laubbaum bei uns.

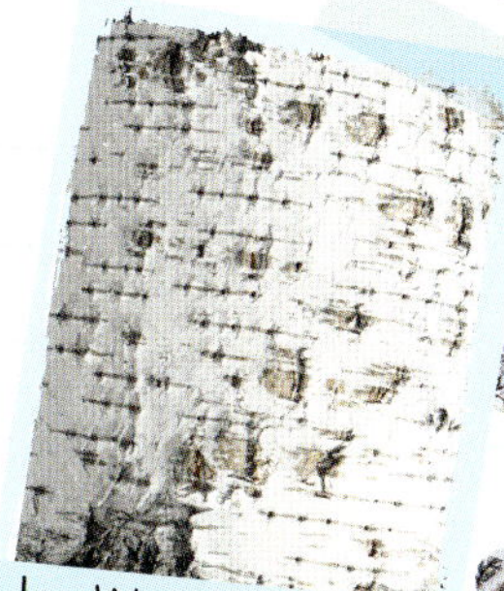

☐ Birke: Weißes Muster in der Rinde sorgt für echten Zebra-Look. Es entsteht durch Betulin, das die Rinde hitzebeständig macht.

☐ Kirsche: Quer geringelte Borke. Zwischen den Ringeln gelangt Luft durch die ansonsten dichte Rinde.

☐ Eiche: Derbe und tief zerfurchte Rinde. Enthält desinfizierende Gerbsäure.

Rindenporträts

Halte ein Blatt Papier an die Rinde und male mit einem Stift sanft darüber. Jeder Baum ist anders und hinterlässt ein anderes Muster auf dem Blatt.

Spuren im Schnee

Es hat geschneit? Tier-Detektive und Spurensucher aufgepasst! Nicht nur wir hinterlassen Spuren, wenn wir durch den Schnee stapfen. Auch die Tiere, die sich sonst so gut verstecken, verraten sich anhand ihrer Fährte.

Auf Spurensuche

- Findet heraus, ob die Tiere direkte Wege wählen oder suchend umherziehen.
- Was verraten zwei unterschiedliche Fährten?
- Waren beide Tiere zur gleichen Zeit am selben Ort?
- Was ist dort passiert?

Tipp:

Wenn kein Schnee liegt, kann man die Spuren auch im Matsch erkennen. Es lohnt sich aber auch, nach oben zu schauen. In den kahlen Bäumen entdeckt man jetzt Vogelnester und die Kobel der Eichhörnchen.

Schnee

Es gibt viele verschiedene Arten von Schnee. Schnee verändert sich zum Beispiel, je länger er liegt. Er wird dichter und fester, denn er wird von seinem eigenen Gewicht zusammengedrückt.

PULVERSCHNEE: Wenn es sehr kalt und die Luft trocken ist, fallen besonders kleine Schneeflocken vom Himmel. So entsteht Pulverschnee, denn in der Luft ist zu wenig Wasser enthalten, das die Schneekristalle zusammenkleben könnte. Aus Pulverschnee kann man deshalb keine Schneebälle machen, er klebt einfach nicht.

FEUCHTSCHNEE: Liegen die Temperaturen um den Gefrierpunkt, werden die Schneeflocken größer. Denn dann sind auch Wassertröpfchen in der Luft, an denen sich die Schneekristalle sammeln und hängen bleiben. Diesen Schnee nennen wir Feuchtschnee oder Pappschnee. Pappschnee eignet sich super zum Bauen von Schneemännern oder Iglus und zum Formen von Schneebällen, da er schön klebt.

NASSSCHNEE: Ist es noch etwas wärmer und ist die Luft besonders feucht, kleben sehr viele Schneekristalle zusammen. Dann werden die Flocken richtig groß. Dieser Schnee heißt Nassschnee. Man erkennt ihn daran, dass Wasser aus ihm herausläuft, wenn man den Schnee zusammendrückt.

MEIN SCHNEEBERICHT

Schneeart	Tag 1	Tag 2	Tag 3

Wusstest du, dass es wahrscheinlich noch niemals auf der Welt zwei Schneekristalle gegeben hat, die genau gleich aussahen? Denn die Anzahl der möglichen Formen, die Schneekristalle annehmen können, ist riesig. So haben Schneeforscher noch nie zwei gleiche Schneekristalle gefunden.

Schau dir Schneekristalle unter der Lupe an, sie sind wunderschön. Male einen davon in dein Buch.

KURIOSE FAKTEN

- Enten können auf Eis laufen, weil sie immer kalte Füße haben.
- Eichhörnchen riechen Nüsse auch unter einer ein Meter dicken Schneeschicht.
- Die Haselmaus senkt ihre Körpertemperatur während des Winterschlafs auf gerade mal vier Grad Celsius – so kalt wie das Innere eines Kühlschranks!
- Auch wenn es an der Oberfläche friert: Am Grund tiefer Gewässer ist es immer vier Grad Celsius kalt. Dort überwintern Fische, um nicht zu erfrieren.

- Der Schneemann hat einen eigenen Feiertag. Der »Welttag des Schneemanns« ist am 18. Januar.
- Pulverschnee ist kälter als feuchter Schnee.
- Zitronenfalter haben ein selbst gemachtes »Frostschutzmittel« im Körper. Sie können deshalb im Winter Temperaturen bis zu -20 Grad Celsius überleben, ohne zu erfrieren.
- Heiligabend 2001 war der kälteste Tag aller Zeiten in Deutschland: Das Thermometer fiel an einem Ort auf -45,9 Grad Celsius!
- Eisbären pinkeln während des Winterschlafs nicht.
- Wenn Schnee liegt, klingen Geräusche leiser.

Schnee-Boggia (min. zwei Spieler)

Du brauchst:

Schnee

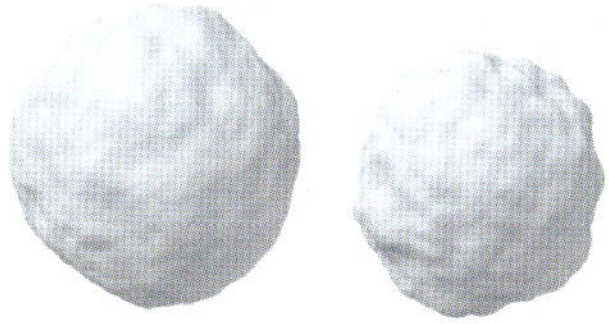

Zunächst braucht jeder Spieler zwei gleich große Schneebälle. Dazu formt ihr eine größere Schneekugel. Die Kugel legt ihr mit einem gewissen Abstand zu euch auf den Boden. Markiert eine Startlinie.

Jetzt hat jeder nacheinander die Aufgabe, seinen Schneeball so nah wie möglich an den großen Schneeball heranzuwerfen. Es gibt zwei Durchgänge, sodass jeder zweimal an die Reihe kommt.

Welcher Ball liegt näher an der großen Kugel? Wer ist der Sieger?

Zapfen-Hüpfen (min. zwei Spieler)

Du brauchst:

- Fichten- oder Kiefernzapfen
- Seil/Schnur

Ein großer Zapfen wird an eine Schnur gebunden. Die Spieler stehen im Kreis. In der Mitte steht ein Kind mit der Zapfenschnur, dreht sich und schwingt den Zapfen im Kreis. Die Mitspieler müssen nun hüpfen, um dem Seil auszuweichen. Wer getroffen wird, scheidet aus.

Schnee-Engel machen natürlich auch immer wieder Spaß!

Friedrichstraße 9, D-80801 München

Text: Jennifer Wilderich-Lang
Fotorecherche: Jennifer Wilderich-Lang
Gestaltung Fly Gollair/Katja Goller
Covergestaltung: Grafisches Atelier, arsEdition

ISBN 978-3-8458-5461-8

Bildnachweis

Gettyimages/ 3, 13-Smile, aaprophoto, akova, AlbertPego, Ale-ks, alexcoolok, AlexeyVS, AlexRaths, AllNikArt, amnachphoto, Anastasia Gladkova, Andrey Atanov, anmbph, Anna-Frajtova, Antonel, Artis777, artisteer, ArtSvitlyna, Azure-Dragon, Banepx, batak1, batuhan toker,Bee-individual, bergamont, Bestgreenscreen, BirdHunter591, block37, bonchan, Boonchuay1970, BruceStanfield, Bubert, byheaven, carlacdesign, chengyuzheng, chiewr, Chimpinski, Coprid, Creative-Nature_nl, Cultura RM Exclusive/Sporrer/Rupp, CUTWORLD, Cylonphoto, DaisyAKing, Dance60, dane_mark, DanielPrudek, dedMazay, Denja1, dgstudiodg, Diana Taliun, dimatlt633, divanvdw, Doc_Steele, Doleo8, domnicky, EBlokhina, edevansuk, emer1940, EmiSta, esvetleishaya, firina, fleaz, fotolism_thai, fotomarekka, Frank Fichtmüller, fsstock, g215, galdzer, GlobalP, Goldfinch4ever, GreenOptix, Griffin24, hayatikayhan, HDesert, hedge111, hekakoskinen, Henrik_L, HHelene, hideto111, Ian_Redding, Iconic-Bestiary, IconicBestiary, Ihor Kashurin, Imaagio, inigofotografia, itakdalee, JackF, Janista, Janny2, Jan-Schneckenhaus, JFsPic, Jimmie Tolliver,jopelka, Jrleyland, JuliarStudio, Jurkos, karandaev, Kinwun, Klavdiya Volkova, kwasny221, laski, leisuretime70, lennjo, Lightstar59, ligora, lilly3, lineartestpilot, LuminaStock, luplupme, manfredxy, Marcin Wiklik, Margarita Miller, mariaflaya, marilyna, Marina Lohrbach, massimo1g, matsabe, Matt_, mushroomstore, Gibson, Matveev_Aleksandr, MauMyHaT, megatronservizi, Mickis-Fotowelt, mihtiander, Mike Caffrey, MikeLane45, motorolka, Motortion, Mr_Vector, MriyaWildlife, Murmakova, mushroomstore, myistock88, mysondanube, Nadzeya_Dzivakova, NatalyaAksenova, nelik, Nik_Merkulov, nikolasm, nikoniko_happy, Nkarol, Novatrader Ocs_12, Okea, Olaf Simon, OpheliaX, ornitolog, paladin13, Palana997, patpitchaya, Petar Mulaj, Peter Llewellyn, phive2015, PhotoMelon, Pineapple Studio, Pingwin, Povareshka, pum_eva, rambo182, raulh78, Ridofranz, rkhphoto, RomoloTavani, romrodinka, Roxana_ro, RusN, Sander Meertins, sarra22, scigelova, scisettialfio, seven75, ShaftInAction´, silverjohn, skodonnell, skphoto_12, Sonja Richter, spaxiax, Stefan_Alfonso, Stephen-Schwartz, Stevy, superpeet, SvetaVo, svrid79, tang90246, Teresa Otto, terra24, Terriana, Tevarak, Thorsten Grohse, Tinieder, Toltek, tongwongboot, ttsz, Twister40, UrosPoteko, Valengilda, veekicl, vencavolrab, Vicenfoto, Vitalina, VitalisG, VitaliyPozdeyev, vitalkaka, viti, VladimirPB, VolkovaIrina, Volodymyr Kucherenko, Volokhatiuk, voltan1, Voren1, Vrabelpeter1, Wacharaphong, Wavebreakmedia Ltd, weisschr, wernerimages, whilerests, William_Potter, winyuu, worldofstock, yanka444, Yevhenii Dubinko, yotrak, Yulyu, zim286, zokru

Adobe Stock/ Jan 37, creativenature.nl, David, dule964, emuck, Eric Isselée, Esin Deniz, fotomaster, fovito, Henk, J.C.Salvadores, Jan Engel, Javier Castro, max5128, Photo-SD, Ruckszio, Sergey Ryzhkov, sommai

Thinkstock/ alisbalb, artishokcs, Chaiwat Subprasom / REUTERS, Chimpinski, GlobalP, grmarc, KristincRada, lincartcstpilot, mb-fotos, nornaurd, oracul, paladin13, R_Koopmans, rambo182, RInISLok, RusN, Steve_ Bramall, taviphoto, ValerieVS, Varghona

Shutterstock/ aimful, Alexandr Belous, bonottomario, Everett Historical, GraphiKat, Iron Mary, Keni, MarcelClemens, Olga Arminen, SKY 2017, SmartS

Abbildung S.9/ Vivian Ellermeyer